GABRIEL HOPFENBECK OFM

1,–

# Eheleute, bitte überlegen



VERLAG LUDWIG AUER DONAUWÖRTH

INHALT



Dritte Auflage. 1972

Mit Druckerlaubnis des Ordensoberen. München, St. Anna, 1. 10. 1966. P. Wilhelm Forster, Min. Prov.
Imprimatur. Augsburg, 29. 8. 1966, Generalvikar Achter
Gesamtherstellung: Druckerei Ludwig Auer, Donauwörth
ISBN 3-403-00372-8

## Bitte überlegen!

Es geht um etwas sehr Wichtiges: um Ihre Ehe nach dem Willen Gottes und um Ihr Leben mit der Kirche auch bei Schwierigkeiten im Eheleben!

Bitte: nehmen Sie sich die Zeit und überlegen Sie die folgenden Gedanken in aller Ruhe, am besten zuerst das Ganze, dann nochmals die einzelnen Gesichtspunkte! Sie sprechen sicher auch mit Ihrem Ehepartner darüber – vielleicht wird Ihre Ehe dadurch noch tiefer und besser. (Auch für Brautleute sind die Gedanken nicht zu früh.)

Wir denken im Folgenden über verschiedene Gesichtspunkte nach, die zusammengehören und nicht auseinandergerissen werden dürfen; mit einem bloßen „Ja“ oder „Nein“ zu Einzelheiten wäre nichts gedient.

Die Ausführungen werden durchgehend numeriert. Dadurch soll einerseits die Zusammengehörigkeit der Gedanken (trotz ihrer Verteilung auf kleine Kapitel) angedeutet und andererseits das Gespräch erleichtert werden.

Manches erschließt sich vielleicht nicht beim ersten Lesen, sondern erst später und dann um so deutlicher und tiefer und selbstverständlicher.

Wenn irgendein Gedanke oder Hinweis überflüssig zu sein scheint, übersehen Sie bitte nicht die Möglichkeit, daß er für *andere* notwendig oder nützlich sein kann.

Durch diese Überlegungen von Ansatzpunkten aus alter und neuer Zeit wird die Ehe keineswegs „leichter“ und die Verantwortung der Eheleute nicht geringer.

Es gibt tatsächlich manche Schwierigkeiten und manche Not in vielen Ehen, für die wir endgültige oder wenigstens vorübergehende Lösungen suchen müssen. Aber die

Schwierigkeiten sollen nicht übertrieben werden. Und vor allem soll nicht eine unechte Ehenot gepflegt oder gar gefördert werden; das könnte zu folgenschweren Fehllösungen führen.

Die Berufung zur Ehe ist ein Anruf Gottes; dem soll – wie beim Priestertum – die immer wieder neu zu gebende *Antwort der Eheleute* im Eheleben und im Familienleben und in der Kindererziehung entsprechen!

Eigens ein Wort des Dankes jenen Eheleuten, die mit dem Verfasser die folgenden Texte überlegt und sich dabei selbst um einzelne Formulierungen bemüht haben, und das in dem Bewußtsein, daß alles Menschliche unvollkommen ist: das Denken und das Reden und das Schreiben – und wir selbst!

## 1. Ansatzpunkte zu neuer Überlegung

Das gilt ja eigentlich auf allen Gebieten: Immer wieder muß etwas neu durchdacht werden. Ob sich dadurch hier für Eheleute Gesichtspunkte ergeben, die entweder neu sind oder nur dem einzelnen wieder neu vor Augen treten, das überlassen wir der Erleuchtung des Heiligen Geistes – und der Entscheidung der Kirche, die wir bereitwillig annehmen.

(1) Zur Einführung und Einübung in diese Gedankengänge zuerst ein Vergleich, absichtlich etwas ausführlich – bitte erschrecken Sie nicht: ein Vergleich mit der Feuerbestattung (Leichenverbrennung)! Diese hat selbstverständlich mit der Ehe nichts zu tun; aber bei einem Vergleich kommt es ja immer nur auf die Vergleichspunkte an; und: jeder Vergleich „hinkt“!

Die neue Regelung der Kirche über die Erlaubtheit der Feuerbestattung (1963/64) hat bei einigen Leuten Überraschung, Beunruhigung und sogar Bestürzung hervorgerufen. Warum eigentlich? Manche, die vorher die Unbeugsamkeit der kirchlichen Praxis kritisierten, schimpfen jetzt darüber, daß die Kirche ihre bisherige Praxis in diesem Punkte *ändert!*

Richtig ist es so: sich darüber freuen, wenn die Kirche sich der Zeit und den gewandelten Verhältnissen aufschließt und sogar anpaßt, soweit das möglich ist!

Die Feuerbestattung bleibt weiterhin kirchlich verboten, falls sie sich (wie früher) gegen die Kirche richtet; sie ist (z. B. hinsichtlich Sakramentenempfang und Beerdigung) kirchlich straffrei, wenn sie aus gesundheitlichen, hygienischen, ästhetischen u. ä. Gründen geschieht.

Also: ein Wandel in der Auffassung der Welt und darum in der Beurteilung durch die Kirche; eine andere Sicht als früher; die frühere kirchliche Strafe fällt weg; die Kirche hat ihre Praxis in diesem Punkt gewandelt, der gewandelten Zeit angepaßt; man kann trotz Feuerbestattung kirchlich beerdigt werden und, was noch viel wichtiger ist, die Sakramente der Kirche empfangen, was bisher in diesem Fall nicht möglich war.

(2) Manche andere Vergleiche für dieses Umdenken und die entsprechenden Folgerungen in der Praxis kann man überlegen, aber immer kommt es auf den eigentlichen Vergleichspunkt an (und nicht jede Einzelheit ist zum Vergleichen geeignet), etwa die Betonung des Fastengebotes früher und jetzt, die Häufigkeit des Kommunion-Empfanges und der Beichte vor der Kommunion, die Änderungen in den Vorschriften für die eucharistische Nüchternheit, die Auffassung und Durchführung des „Wortgottesdienstes" bei der Meßfeier (statt bloß „Vormesse" wie früher). Der große Unterschied bei diesen Vergleichen: In der Ehe geht es um Gesetze *Gottes*, bei den genannten Vergleichsgegenständen aber nur um kirchliche

Vorschriften und deren Wandlung je nach dem Bedürfnis und der Auffassung der Zeit – es sind nur Vergleiche, keine Beweise!

(3) Nun fragen wir zum Vergleich: Ist in unserer Zeit auch in *Ehefragen* ein Wandel eingetreten? Hat sich da eine andere Sicht ergeben? Kann sich in diesem Punkt sogar die kirchliche Praxis im Beichtstuhl wandeln?

Die Antwort: Kein Bruch mit der bisherigen Lehre, keine plötzliche Änderung, sondern eine langsame Entwicklung, eine tiefere Sicht, eine weitere Entfaltung, vergleichsweise könnte man sagen: wie eine Blume immer mehr wächst und eine Blüte sich immer mehr entfaltet! (Wir wissen übrigens, daß die alte Philosophie teilweise in die Theologie hineinwirkte, ähnlich wie das Weltbild der früheren Naturwissenschaft in die kirchliche Auffassung über die Entstehung der Welt und den Ablauf der Naturgesetze. Je stärker die Verbindung natürlicher und übernatürlicher Anschauungen ist, desto langsamer und schwieriger ist der Entwicklungsprozeß).

(4) Selbstverständlich ist es auch jetzt unmöglich, daß z. B. außereheliche oder voreheliche geschlechtliche Beziehungen als sittlich *erlaubt* erklärt werden.

(5) Aber für das Zusammenleben der Eheleute werden seit längerer Zeit Überlegungen angestellt, z. B. hinsichtlich „Gebrauch" und „Mißbrauch" der Ehe. Diese Formulierungen hört man gelegentlich in der Predigt, wenn unter den Zuhörern Kinder sind, die nicht unnötig zu heiklen Fragen angereizt werden sollen. Statt des sachlich klingenden Wortes „Gebrauch der Ehe" sagen wir im folgenden für gewöhnlich „eheliche Liebesvereinigung"; als „Ehemißbrauch" bezeichnen es manche Prediger, wenn man die geschlechtliche „Lust" genießen will, aber dabei die „Last" des Kindes ablehnt und verhindert. („Lust" – „Last": man merkt den Volksprediger.)

(6) Eine hohe Auffassung der Ehe und des Ehelebens und der ehelichen Fruchtbarkeit:

a) Wie das Priestertum und den Ordensstand dürfen wir das eheliche Leben (und das ehelose Leben) als eine echte Berufung Gottes betrachten. Die Berufung zur Ehe bedeutet eine Berufung zur Teilnahme an der Liebeskraft, Lebenskraft und Gnadenkraft Gottes.

b) Es ist geradezu eine Partnerschaft beim Schöpfungswerk Gottes; und die große Verantwortung: daraus soll eine Partnerschaft beim Heilswerk Gottes werden!

„Partnerschaft" bedeutet: Zusammengehören, Zusammenwirken in vieler Hinsicht, also nicht nur Vermehrung des Vermögens, nicht nur gemeinsamer Haushalt, nicht nur Weitergabe der Erbmasse und des Familiennamens!

(7) Früher war eine ziemlich große Kinderzahl notwendig für die Familien, für Volk und Menschheit; das hat sich geändert, unter anderem durch die Abnahme der Kindersterblichkeit; heute sorgen wir uns im Gegenteil um die Übervölkerung der Erde. Aber das ist nur *ein* Ausgangspunkt für eine andere Sicht der Fruchtbarkeit der Ehe – nur Ausgangspunkt, nur Anlaß, nicht der eigentliche Grund!

(8) Viel wichtiger für unsere Überlegungen ist eine Akzentverschiebung in der Sicht der Ehe: von den einzelnen Akten der Ehe hin zur *Ganzheit* der Ehe, also z. B. ihre Bedeutung für den *ganzen* Menschen (und zwar immer für zwei Menschen zugleich), für Leib und Seele, für Zusammenleben und Kindererziehung, für Festtag und Alltag, für Arbeitszeit und Freizeit ... – das läßt sich im Lebensvollzug nicht zerlegen in einzelne Teile! Also: Bisher sprach man viel, ja fast nur von den einzelnen „Zwekken" der Ehe, jetzt aber besinnt man sich mehr auf die *ganze* Ehe.

(9) Neue Überlegungen der Theologen und anderer

Fachleute (Mediziner, Psychologen, Soziologen usw.) sind dadurch notwendig geworden. Sie sind bereits im Gang und werden weitergehen. Sie gestalten sich schwierig, da vieles aus den verschiedensten Gebieten der Wissenschaft zusammengetragen, überdacht, überprüft und gegeneinander abgewogen werden muß.

Diese Forschungen stehen wie andere unter dem Auftrag Gottes: Macht euch die Erde untertan (Gen 1, 28)! Dabei sind die Notwendigkeiten und die Ergebnisse in verschiedener Hinsicht zeitbedingt, ähnlich wie bei anderen Forschungen und Erfindungen; „alles zu *seiner* Zeit", sagt man doch oft, und man darf das ruhig auf Gott anwenden: wann und wie *Gott* es will, zu seiner Zeit!

(10) Wir lesen und hören seit einigen Jahren von der „verantworteten Elternschaft". Die Eheleute sollen sich immer wieder bewußt werden, daß sie vor Gott und ihrem Gewissen eine große Verantwortung haben, ob und wann sie ein Kind ins Leben rufen, und wie viele. Jedes Kind ist eine große Verantwortung, die den Eltern niemand abnehmen kann, nicht die Kirche (etwa der Beichtvater und der Religionslehrer) und nicht die Schule (etwa in der Erziehung).

(11) Die Überlegung und Entscheidung über die Kinderzahl ist Sache der Eheleute, nicht Sache des Beichtvaters. Sie ist darum nicht auf den Beichtvater zu übertragen oder „abzuwälzen", sondern von den Eheleuten selbst vor Gott zu verantworten.

Die Kinderzahl ist vom Konzil nicht „frei-gegeben", sondern ins Gewissen der Eheleute gestellt, in ihre Verantwortung vor Gott und dem Gewissen.

(12) Eheleute sprechen besser nicht so viel von ihren „Rechten" und „Pflichten", sondern mehr von der Partnerschaft in der Ehe, vom Lebensbund und Liebesbund, von der personalen Lebensgemeinschaft und Liebesge-

meinschaft; und besser nicht so viel von den „Zwecken", sondern mehr vom Sinn und von den Werten der Ehe!

(13) Es kann sein, daß die Ganzheit der Ehe die eheliche Liebesvereinigung erfordert, von einem oder von beiden Partnern aus (Liebesaustausch, Festigkeit des Ehebundes, eheliches und familiäres Zusammenleben, Gefahr des Ehebruches . . .), daß aber *Fehler* in der Art und Weise der ehelichen Liebesvereinigung in Kauf genommen werden müssen, weil nach der Gewissensentscheidung der Eheleute zur Zeit kein Kind verantwortet werden kann.

(14) Durch die etwas gewandelte Sicht der Eheleute wird grundsätzlich nicht unbedingt an der *schweren* Sündhaftigkeit des einzelnen „Ehemißbrauches" festgehalten, wenn die Grundhaltung die richtige ist, also grundsätzlich *für* das Kind und bereit für den Willen Gottes, und wenn ehrlich gerungen wird . . . Man wird zurückhaltender im Urteil über die Sündhaftigkeit; man hütet sich noch mehr als früher vor einem Verdammungsurteil, die Priester werden „milder" im Beichtstuhl, z. B. braucht man vor einer Verweigerung der Lossprechung wegen „Ehemißbrauch" bei richtiger Grundhaltung keine Furcht zu haben – wenn man meint, ein Beichtvater habe zu wenig Verständnis, kann man ja zu einem anderen gehen.

(15) Es ist verständlich, daß manche Schwierigkeiten besonders groß sind, wenn der Mann während der Woche auswärts arbeitet und erst zum Wochenende oder gar nur monatlich nach Hause kommt. Da kann sich das Eheleben nicht immer nach dem Kalender richten, und man wird bei Verfehlungen einen milden Richter im Bußgericht finden.

(16) Übermäßige „Forderung" eines Partners im „Gebrauch" der Ehe – das wäre wirklich keine *Liebes*-Vereinigung, sondern *gegen* die Liebe – kann u. U. eine größere Sünde und ein größerer Schaden sein als ein Fehler in der Art des Gebrauches der Ehe aus menschli-

cher Schwäche und ehelicher Unvollkommenheit. Ebenso kann Verweigerung aus Bequemlichkeit oder Unlust oder Laune eine wirkliche und u. U. schlimmere Sünde gegen die Liebe in der Ehe und gegen die Ehe selbst sein. An beiden Fehlern kann eine Ehe zerbrechen; und in der Beichte sollten diese beiden Fehler – wir müssen wohl sagen: Sünden – wenigstens so viel Beachtung finden wie der sogenannte Mißbrauch der Ehe!

(17) Es ist zu hoffen, daß bis in einigen Jahren die fruchtbaren und unfruchtbaren Tage der Frau mit noch größerer Sicherheit und etwas einfacher festzustellen sind: „Zeitwahl". Pillen sind vielleicht in absehbarer Zeit für viele Frauen eine Hilfe, um die Regulierung des monatlichen Rhythmus zu sichern.

Zeitwahl – das ist so zu verstehen: die geeignete Zeit wissen und auswählen, wann ein Kind mit großer Wahrscheinlichkeit zu erwarten ist und wann nicht. Das kann manchen Eheleuten helfen, ein Kind überhaupt zu bekommen, oder ein Kind in günstiger Zeit zu bekommen, oder ein Kind in ungünstiger Zeit zu vermeiden. Es geht dabei also keineswegs nur um eine „Methode" zur Verhütung von Kindern!

Ein gründliches Buch darüber schrieb ein Arzt und langjähriger Berater vieler Eheleute: Dr. Josef Rötzer, (A-4840) Vöcklabruck. Es erschien im Verlag Herder, Wien, unter dem Titel: Kinderzahl und Liebesehe (Ein Leitfaden zur Regelung der Empfängnis, 99 Seiten und Beilage). „*Sicher* unfruchtbare Tage lassen sich allerdings nur mit Hilfe der Messung der Aufwachtemperatur bestimmen, wozu ein gewöhnliches Fieberthermometer genügt" (Dr. Rötzer).

(18) „Anti-Baby-Pillen" (ein häßliches Wort!) und dergleichen sind je nach der beabsichtigten Wirkung zu beurteilen:

a) Wenn sie ein bereits befruchtetes und beseeltes Ei am *Einnisten* im Mutterschoß hindern sollen, ist das soviel wie Abtreibung oder Versuch der Abtreibung, also Mord oder Mordversuch.

b) Wenn sie die *Befruchtung* verhindern sollen, sind sie wie andere Verhütungsmittel zu beurteilen.

c) Wenn sie von einem gewissenhaften Arzt aus medizinischen Gründen für notwendig gehalten werden, kann die Frau sie ohne Gewissensbedenken einnehmen, selbst wenn als Nebenwirkung eine Befruchtung unmöglich ist. Eine große Verantwortung des Arztes – vielleicht eine folgenschwere Entscheidung der Eheleute!

Wir müssen hier der Wissenschaft Zeit zur Forschung und Erprobung lassen.

## 2. Wahrheiten von bleibendem Wert

In diesem Zusammenhang ist eigens darauf hinzuweisen: Es ist nicht so, als ob das Frühere, „Alte", die ewigen Wahrheiten des menschlichen Geistes und der göttlichen Offenbarung, nun überholt wären. Sicher wären viele Ehen besser, wenn man sich immer danach gerichtet hätte. Es ist darum gut, über einiges wieder nachzudenken.

(19) Zu einer guten christlichen Ehe braucht es einen tiefen Glauben an Gott und an die Menschen, ein festes Vertrauen auf die Vorsehung Gottes und eine wache Liebe, aber ebenso überlegende Klugheit, abwägende Gerechtigkeit, opferbereite Zucht und frohen Starkmut.

(20) Für die christliche Ehe ist die Bindung an Christus, die Gemeinschaft mit Christus, das Leben in Christus die wichtigste Grundlage. Durch das Gebet, besonders das gemeinsame Gebet, durch aufrichtiges Beichten und durch die lebendige Mitfeier des heiligen Meßopfers lösen sich

gelegentlich Schwierigkeiten, die vorher unlösbar schienen.

(21) Ein großartiger Gedanke für die Eheleute: Durch jedes Kind, das die Eheleute verantwortungsbewußt ins Leben rufen und erziehen, engagieren sie sich aktiv in der Weltgeschichte und in der Heilsgeschichte; und sie treffen dadurch eine Entscheidung, die bis in die Ewigkeit hinüberreicht: ob ein Mensch mehr in der Ewigkeit und Seligkeit sein kann oder nicht. Gott schafft nur dann neues Leben, wenn Menschen irgendwie mitwirken!

Nebenbei: Daraus wird ersichtlich, wie grundverschieden davon eine geschlechtliche Betätigung vor der Ehe oder außerhalb der Ehe ist!

(22) Eine menschliche und religiöse Tugend, die vielfach zu wenig beachtet wird: die Hochherzigkeit gegenüber Gott und seinem Willen. Diese Tugend gilt für die Überlegung der Kinderzahl in einer Ehe: Für die einen Eheleute können drei Kinder schon zuviel, für andere vier Kinder noch zuwenig sein. Aber diese Tugend gilt nicht nur für die Fruchtbarkeit in der Ehe, sondern ebenso für die Liebe im Alltag und für das religiöse Leben.

(23) Das ist selbstverständlich: Die eheliche Liebesvereinigung (und die damit verbundene Freude) ist nicht nur keine Sünde und darum kein Hindernis für die heilige Kommunion, sondern etwas *Gutes* vor Gott: nämlich Auswirkung und ständig wiederholter Vollzug des Ehesakramentes – vorausgesetzt, daß man dabei nicht etwa durch übermäßiges Fordern die Liebe verletzt.

(24) Ebenso selbstverständlich ist: Die eheliche Liebesvereinigung ist auch dann erlaubt, wenn zu bestimmten Zeiten oder in einem gewissen Alter kein Kind entstehen kann.

(25) Wer in diesen Dingen nicht klarsieht, darf beim Beichten diesbezügliche Fragen stellen. Doch soll man nicht immer wieder bei einem anderen Beichtvater das gleiche

fragen; denn schon eine kleine Änderung im Text oder im Ton der Frage kann eine Verschiedenheit der Antwort bringen und den Fragenden verwirren. Gerade in Schwierigkeiten und Zweifeln wäre es sehr gut, wenn man immer zum gleichen Beichtvater gehen würde – wie während einer Krankheit nach Möglichkeit immer zum gleichen Arzt.

(26) Es ist erfreulich, wenn Eheleute gesundheitlich und wirtschaftlich eine größere Kinderzahl verantworten können und dieses Wagnis auf sich nehmen – gerade aus *guten* Familien brauchen wir Kinder! Durch die Hilfe des heutigen Staates werden der Familie die wirtschaftlichen Sorgen nicht abgenommen, aber es werden doch Hilfen geboten, die man kennen soll und dankbar annehmen darf. Wenn man selber keine größere Kinderzahl haben kann, darf man andere Eheleute nicht entmutigen durch unvorsichtiges oder gar dummes Gerede, sondern man soll ihnen Mut machen und in der Tat *helfen,* wenn man kann – das ist eine wichtige Aufgabe: persönlich, sozial, politisch, also etwa hinsichtlich Wohnung, Beruf, finanzieller Hilfen.

Die Eheleute spüren zwar, daß ihnen mit jedem Kind eine neue Verantwortung und eine neue Last auferlegt wird. Aber dann erleben sie, wie jedes Kind Freude und geistige wie seelische Bereicherung bringt, also wirklich Gewinn. Wenn sie diese Bereicherung mehr in den Vordergrund ihres Denkens stellen, also nicht zu sehr auf die Last hinstarren, wird das Ehe- und Familienleben schöner, reicher, freudiger, interessanter ...

(27) Entscheidend bei der Ablehnung eines weiteren Kindes darf nicht der Mangel an Opfermut sein, nicht bloße Selbstsucht, und auf keinen Fall die Ablehnung Gottes. Durch eine solche Gesinnung würde auch die „Zeitwahl“ bedenklich, ja u. U. sündhaft.

(28) Das Ja zum Kinde muß grundsätzlich *bestehen* bleiben. Es ist in der Ehe immer wieder neu zu überlegen; und es sollte nach Möglichkeit nicht ein für allemal entschieden werden, sondern immer wieder: „Verantwortete Elternschaft". Eine Zahlangabe (zum Beispiel 3 – 4 Kinder als „Durchschnitt" für die gute Familie) setzt keine *zwingende* Grenze, weder nach oben noch nach unten.

(29) Und die ernsthafte Bemühung, das Ringen, der Wille, es recht zu machen, muß weiterhin *erhalten* bleiben. Darum ist z. B. das Bemühen um Enthaltsamkeit wichtig, wenigstens immer wieder und wenigstens vorübergehend; und das sollte man nicht nur als Beeinträchtigung auffassen, sondern vielleicht als Gelegenheit zur Vertiefung.

(30) Die Selbsterziehung, besonders das Bemühen um Selbstbeherrschung, ist eine schwere und zugleich schöne Aufgabe in jedem Menschenleben und in jeder Ehe. Ein Mann äußerte die Überzeugung: Meines Erachtens besteht gerade in der notwendigen Selbstbeherrschung der Unterschied zwischen dem Gebrauch der unfruchtbaren Tage (Zeitwahl) und irgendwelchen „Methoden" der Verhütung. Die mechanischen Verhütungsmittel verlangen vom Menschen verhältnismäßig wenig Selbstzucht und lassen den ehelichen Verkehr zu leicht alltäglich werden. Was man jederzeit ohne Schwierigkeit haben kann, verliert an Reiz. Die Notwendigkeit, zeitweilige Enthaltsamkeit zu üben, steigert dagegen die gegenseitige Achtung und vertieft die Liebe.

(31) Ob hier ein leiser Anruf oder sogar ein starker Appell an den Mann notwendig ist? Man sagt: Ihn beherrscht der stärkere Trieb – müßte nicht umgekehrt er den Trieb beherrschen, Herr des Triebes werden, also sich bemühen, sich als das „starke" Geschlecht zu erweisen? (Halb scherzhaft und halb ernsthaft: Falls wegen der

„Gleichberechtigung" das „schwache" Geschlecht hier eine kleine „Spritze" bekommen muß: Damit die Ehe nicht durch primitive Fehler gestört und zerstört wird, muß die Frau z. B. sich bemühen, eine tüchtige Hausfrau zu sein – eine andere Ebene, aber Liebe ist nicht gänzlich unabhängig vom Magen und von anderen „irdischen" Dingen wie Ordnung, Sauberkeit, Pünktlichkeit ...)

(32) Insbesondere muß jedes in der Ehe das Gewissen des anderen achten und soll schon auf die eheliche *Bereitschaft* des anderen Ehegatten zart und schonend Rücksicht nehmen – also nicht aus bloßer Selbstsucht handeln und fordern, nicht bloß den eigenen Genuß suchen, sondern die Liebe als Triebfeder haben: nicht nur die Liebe zu sich selbst, sondern ebenso die Liebe zum anderen. (Das ist ein wichtiger Gedanke, der viel zu wenig beachtet und viel zu selten besprochen wird.)

(33) Ein Zeichen des guten Willens ist das religiöse Leben der Ehegatten (und der ganzen Familie): der Eifer im Meßbesuch und im Sakramentenempfang, das gemeinsame Familiengebet, die religiöse Kindererziehung ... Dabei ist das Mittun des Mannes, etwa beim gemeinsamen Beten und bei der sonntäglichen Kommunion, besonders wichtig im Blick auf die Kindererziehung, damit die Kinder nicht meinen, das sei nur etwas für Frauen und Kinder.

(34) Obendrein soll der Blick der Eheleute geöffnet sein für die Kirche, z. B. Nachwuchs für Priester- und Ordensstand. Dafür sind wesentlich die Eheleute verantwortlich. Wenn man nicht bereit wäre, ein Kind Gott zu schenken, könnte das ein Zeichen sein, daß die richtige Einstellung nicht gegeben ist, daß vielmehr Selbstsucht oder Selbstherrlichkeit gegenüber Gott zugrunde liegt.

(35) Um *Fruchtbarkeit* geht es ersichtlich in der Wekkung neuen Lebens; aber die Fruchtbarkeit soll sich weiten

auf viele Gebiete des Ehe- und Familienlebens. Es gibt z. B. eine geistige Befruchtung im gegenseitigen Geben und Empfangen, die schon vor dem ersten Kind beginnen und noch ins Alter sich fortsetzen sollte.

(36) Noch wichtiger als die *geschlechtliche* Liebe ist zweifellos, daß die Liebe den *Alltag* der Ehe und Familie erfüllt. Die eheliche Liebe im engeren Sinn ist einerseits wertvoll und wichtig, sie ist selbstverständlich und notwendig; aber sie ist nicht die Liebe überhaupt, sie ist nicht das „ein und alles" der Ehe.

Es kann sein, daß jemand diesen einen Punkt recht macht, aber trotzdem viele Sünden gegen die Liebe als Ganzes in der Ehe begeht. Diese anderen Sünden gegen die Liebe in der Ehe sind oft viel wichtiger zu nehmen, oft schlimmer, schädlicher, ja sündhafter als ein Fehler in der Art und Weise der ehelichen Liebesvereinigung. Wer diesen einen Punkt recht macht, ist deshalb allein noch nicht ein vollkommener Christ; und wer diesen einen Punkt in der Ehe nicht so recht fertigbringt, ist deshalb noch kein schlechter Christ.

(37) Verstöße gegen die Liebe im Alltag der Ehe (und der Familie) sollte man nicht nur vor Gott bereuen (und beichten, je nachdem), sondern nach Möglichkeit auch vor dem anderen wieder gutmachen, gleichsam „aufwiegen" durch eine Freude, die man dem anderen macht, oder wenigstens durch ein liebes Wort oder eine Anerkennung für irgend etwas, selbst wenn es mit jener Verletzung der Liebe nichts zu tun hat. Auch da soll die Liebe erfinderisch machen — wohlwollende Phantasie ist eine wertvolle Hilfe für die Ehe und das Familienleben.

(38) Die *menschlichen* Tugenden sollen in der Ehe (und in der Familie) gegenüber den *religiösen* Tugenden nicht übersehen, nicht unterbewertet und nicht vernachlässigt, sondern sorgsam gepflegt werden. Denn sie sind einerseits

ihre Grundlage und anderseits der Beweis für ihre Glaubwürdigkeit vor den Menschen. Einige seien eigens genannt: Anstand, Höflichkeit, Gefälligkeit, Freundlichkeit, Rücksichtnahme, Dienstbereitschaft, Friedfertigkeit, Aufrichtigkeit, Verschwiegenheit, Frohsinn, Selbstbeherrschung, Überwindung der Verdrossenheit und der Verdrießlichkeiten, der Launen und der Launenhaftigkeit, der Ärgerlichkeiten und der Verärgerungen im Beruf und im Familienleben ... – ein weites Feld für die Arbeit an sich selbst, z. B. von einer Beichte zur anderen (das könnte ein Grund sein zur öfteren Beichte, selbst wenn keine Todsünden vorliegen).

(39) Manche Schwierigkeiten in der Ehe entstehen schon dadurch, daß das Zusammenleben selbstverständlich, ja notwendig ist – also nicht eine sündhafte „nächste Gelegenheit", die man meiden könnte. (Anders ist es dagegen bei Sünden vor der Ehe oder außerhalb der Ehe: da kann und muß man die nächste Gelegenheit entsprechend meiden bzw. entsprechende Riegel einbauen, damit es nicht zur Sünde kommt – andernfalls wäre das Nicht-Meiden oder gar freiwillige Aufsuchen der nächsten Gelegenheit vielleicht sogar die größere Schuld, größer als die einzelne Tatsünde!)

(40) Ein wichtiger Punkt der Selbstbeherrschung, der gegenseitigen Erziehung und der Kindererziehung ist in der Familie die Erziehung zur religiösen Selbständigkeit und Freiheit. Es sollte z. B. kein Aufsehen erregen und kein Gesprächspunkt sein, wenn eines aus der Familie ohne ersichtlichen Grund von der Kommunion wegbleibt oder außer der gewohnten Zeit zum Beichten geht; erst recht nicht wird man neugierig fragen oder nachspionieren, warum der andere das tut, nicht einmal bei Kindern. Die Gewissensfreiheit und die Entscheidungsfreiheit des einzelnen — auch des Kindes — darf nicht mißachtet

oder gar aufgehoben werden, trotz aller Sorge um das Seelenheil, um die Erziehung und um die Gemeinsamkeit des Weges durchs Leben und zum Himmel.

(41) Eine wichtige Aufgabe: die Kinder indirekt vorbereiten für eine künftige Ehe durch Erziehung zum Opferbringen, zur Selbstbeherrschung, zur Nächstenliebe (die Selbstsucht schon frühzeitig bekämpfen), zur Wahrhaftigkeit, zur richtigen Auffassung und Behandlung des Leibes (rechtzeitige Einführung ins Lebensgeheimnis, früher „Aufklärung" genannt), zum religiösen Eifer, zur öfteren Kommunion ...

(42) Die Eltern sollen wissen und beachten, daß die wichtigste Zeit für die Erziehung des Kindes schon die ersten vier bis sechs Jahre sind. Viele Entscheidungen für das spätere Leben fallen also bereits im Elternhaus (und im Kindergarten), vor allem durch das Vorbild der Eltern. Was dort versäumt wird, ist später nicht leicht nachzuholen. Das gilt für die Liebe der Eltern, für die Geborgenheit in der Familie, für das Zusammenleben mit den Eltern (und Geschwistern), für die soziale Haltung, für die religiöse Erziehung ... Wenn das Kind in die Schule kommt, soll seine Erziehung nicht erst beginnen, sondern da soll es in vielem schon weitgehend erzogen sein.

(43) Das Leben und die Kindererziehung in einer Ehe mit einem Andersgläubigen oder einem Ungläubigen führt fast notwendig zu Schwierigkeiten religiöser und vielleicht sittlicher Art. Selbst wenn man sich vor der Eheschließung um Einigung in vielem bemühte, bleiben Probleme bestehen und tauchen neue auf. Mehr als Bücher wird dafür die Aussprache im Beichtstuhl angeraten, selbst wenn sie nicht zur gewünschten Klärung und Hilfe führen sollte; die letzte Entscheidung muß gerade hier in vielem dem Gewissen überantwortet werden.

## 3. Ermutigung zum Sakramenten-Empfang

Vielen Eheleuten bedeutet es eine große Schwierigkeit, wie sie es mit dem Sakramentenempfang halten sollen. Vor allem stellen sie die Frage: „Muß ich wegen meines Ehelebens immer wieder beichten, bevor ich kommuniziere?“ Die nächste Frage ist dann vielleicht: „Wie soll ich mich beim Beichten ausdrücken, damit mich der Beichtvater richtig versteht?“

Wegen dieser Schwierigkeiten (also nicht, als ob das Beichten das Wichtigste wäre) folgen einige Texte zur Überlegung und Anwendung – die letzte Entscheidung fällt das Gewissen des einzelnen, in sorgfältiger Prüfung, vielleicht nach Besprechung mit dem Beichtvater: er kann zwar raten, aber nicht die Entscheidung abnehmen.

(44) „Beichten oder nicht?“ Über diese Frage stand im „Mann in der Zeit“ (1965/2) u. a.: „Ringenden Ehegatten ist – auch wenn sie im einzelnen Falle einmal versagen sollten – die Redlichkeit ihres Mühens zu glauben. Es muß infolgedessen zumindest bezweifelt werden, ob ihr Versagen den Verlust des Gnadenstandes bedeutet. Ihr ehrliches Ringen um gegenseitige, selbstlose Liebe ist ein gutes Zeichen für ihr Verhältnis zu Gott. Gelegentliches Versagen kann aus geschwächter Erkenntnis oder aus gehemmter Willensfreiheit – gerade dann, wenn echte Notstände vorliegen – kommen. In diesen Situationen bleibt es zweifelhaft, ob mit dem Versagen der Verlust des Gnadenstandes vorhanden ist. Eine zweifelhafte Todsünde aber ist keine Todsünde; denn zur Todsünde gehören die klare Erkenntnis und der volle freie Wille. Wenn es also zweifelhaft ist, ob ihr Versagen eine Todsünde war, können die Eheleute – ohne vorherigen Empfang des Bußsakramentes – bei der Meßfeier die hl. Kommunion empfangen.“

(45) Eine Wegweisung für Seelsorger (Pastorales Forum, München 1964 — veröffentlicht im „Mann in der Zeit“ 1965/2) weist darauf hin: „Niemand hat das Recht, den Eheleuten, die in ihrem redlichen Mühen um selbstlose Liebe im ehelichen Alltag und in ihrem Vorsatz zu enthaltsamem Leben nicht durchhielten, den Empfang der Kommunion ohne vorhergehenden Empfang des Bußsakramentes als unerlaubt zu erklären. Sie müssen vielmehr im Hinblick auf die Bedeutung der Meßfeier als Opfer und Mahl für das christliche Leben dazu ermutigt werden, nach Erneuerung ihrer Entschlossenheit zum echten Streben auch ohne vorherigen Empfang des Bußsakramentes die heilige Kommunion zu empfangen.“

Sie ist ja eine göttliche „Medizin“ für die Seele und in diesen und anderen Schwierigkeiten besonders wichtig; nicht die Gesunden bedürfen des Arztes (und der Medizin), sondern die Kranken (Lk 5, 31).

(46) Das entspricht übrigens der Einstellung, zu der nach den neuen Richtlinien der deutschen Bischöfe unsere Jugend bei geschlechtlichen Schwierigkeiten und Verfehlungen erzogen werden soll: „Liegt eine Todsünde vor, werde ich umgehend das Bußsakrament empfangen. Wenn aber nicht mit Sicherheit feststeht, daß eine Todsünde begangen wurde, werde ich die Sünden bereuen und bei der nächsten Mitfeier der heiligen Messe die heilige Kommunion empfangen.“ Aber selbst in diesem Fall wird angeraten, diese Sünden beim nächsten Empfang des Bußsakramentes aufrichtig zu bekennen. Dieses Bekenntnis ist zur Erneuerung der Entschlossenheit zu redlichem Streben bedeutsam und trägt dazu bei, die Sakramentsgnade der öfteren Beichte nicht gering einzuschätzen; ferner ermöglicht ein solches Bekenntnis die geistliche Beratung und Führung. Das soll davor bewahren, wirkliche Sünden zu bagatellisieren oder weiterzusündigen, weil man meint,

man müßte „sowieso“ erst beichten, ehe man wieder kommunizieren darf.

(47) Über die eheliche Hingabe und die heilige Kommunion wurde auf einer Tagung folgender Text vorgelegt:

„Wenn die Eheleute das Kind grundsätzlich bejahen, aber es jetzt nicht verantworten können, einem Kind das Leben zu schenken; wenn sie auch ehrlich danach streben, ihre liebende Hingabe in vollkommener Weise zu vollziehen, aber es wiederholt nicht so fertig bringen, sondern sich körperlich bloß unvollkommen schenken: so liegt zum mindesten keine *schwere* Sünde vor. Die Eheleute dürfen ohne jedesmalige Beichte weiterhin zur heiligen Kommunion gehen und sich dort die Kraft holen, um ihr Eheleben immer treuer nach dem Willen Gottes zu gestalten. In die Reue zu Beginn der Meßfeier schließen sie ihre Fehler und Sünden im Eheleben ein wie alle anderen Sünden. Bei der nächsten Beichte bekennen sie demütig und ehrlich ihre Schwierigkeiten und ihr Versagen.“

(48) Schon bisher wurde unterschieden zwischen dem, der guten Willen hat und den Schöpfungsauftrag Gottes in der Ehe grundsätzlich erfüllen will, und dem, der das Kind ablehnt, der sich „nichts dreinreden lassen“ will, der sich um Gott und um die Kirche nicht kümmert.

a) Der erste kann und soll ohne Angst regelmäßig zu den Sakramenten gehen, selbst wenn er meint, daß es in seiner Ehe (und bei ihm persönlich) nicht *anders* werden wird.

b) Der andere dagegen muß seine grundsätzliche Haltung gegenüber Gott in diesem Punkt (und wahrscheinlich in manchen anderen Punkten) ändern, sich „bekehren“, einmal und immer wieder.

(49) Darum ist nicht die *Zahl* der Verfehlungen in diesem Punkt entscheidend, sondern in erster Linie die

Grundhaltung, der Wille. Die Zahl ist vielleicht ein Hinweis auf den guten Willen, aber wohl noch öfter Ausfluß anderer Momente: Vererbung, Erziehung, Vitalität, Trieb, Gewöhnung ... Also: nicht so sehr die *einzelnen* Verfehlungen in diesem Punkt sind entscheidend, sondern die gesamte Haltung: entweder gut (wenigstens sich mühend um das Gute) oder sündhaft (selbstherrlich – gegen Gott).

(50) Die *Schwere* der Sündhaftigkeit richtet sich in *allen* Geboten nach der eigenen Erkenntnis und nach der persönlichen Zustimmung des Willens zur Sünde. Todsünde setzt immer eine *klare* Erkenntnis und die *volle* Zustimmung des Willens im Augenblick der „Tat" voraus; wenn eines von beiden (oder beides) fehlt oder gemindert ist, handelt es sich *nicht* um eine Todsünde, selbst wenn der „Tatbestand" als wichtig oder schwer zu bezeichnen ist.

Das gilt in gleicher Weise für das 6. Gebot. Im Eheleben kann z. B. das Gefühlsleben die klare Erkenntnis und die volle Zustimmung des Willens im Einzelfall teilweise oder ganz verdrängen. Das ist sicher bei den einzelnen Ehen verschieden, sogar beim gleichen Menschen immer wieder verschieden. Im Zweifelsfall kann man mit dem Beichtvater darüber sprechen; aber die letzte Entscheidung darüber fällt das eigene Gewissen.

(51) Falls man es ernst nimmt mit dem religiösen und sittlichen Leben, wird man bei der nächsten Beichte ehrlich und mutig bekennen, wenn man gefehlt hat und wie oft man trotzdem kommuniziert hat (wenigstens durchschnittlich); denn es geht sicher um eine ernsthafte und oft schwierige „Sache". Am besten geht man immer zum gleichen Beichtvater, als „Hausarzt" für die eigene Seele. Also etwa monatlich beichten, wenigstens alle 6 bis 8 Wochen – wenn man nur selten beichten würde, wäre ein Zweifel am religiösen Eifer möglich.

(52) Wer jeden Sonntag oder Festtag (oder sogar täglich) kommunizieren will und sonst guten Willen hat (also grundsätzlich *für* das Kind, *bereit* für den Willen Gottes ...) und sich ehrlich bemüht, die rechte Ordnung zu verwirklichen, aber einzelne Fehler in der Art und Weise der ehelichen Liebesvereinigung gemacht hat, möge durchschnittlich monatlich beichten und an den einzelnen Tagen Reue erwecken, bevor er kommuniziert.

(53) Drei kurze Hinweise für ängstliche Eheleute:

a) Was an Zärtlichkeiten, Blicken und Berührungen mit der ehelichen Liebesvereinigung verbunden ist, wird nicht gebeichtet.

b) Zärtlichkeiten, Blicke und Berührungen in der Ehe sind auch außerhalb der Liebesvereinigung erlaubt, wenn sie in guter Absicht geschehen: z. B. als Zeichen der Liebe!

c) Was gegen den Willen, sozusagen plötzlich, „passiert", ist keine Sünde und darum nicht Gegenstand des Bußsakramentes.

Hier wieder der Hinweis: Im Zweifelsfall fragen Sie Ihren Beichtvater — Ihren, nicht immer wieder einen anderen!

(54) Es wäre sehr gut und eine große Erleichterung für die Beichte, wenn Eheleute das Bekenntnis z. B. so (oder ähnlich, je nachdem) beginnen würden: „Meine letzte Beichte war vor ... Wochen; ich bin jetzt ... Jahre alt, verheiratet seit ... Jahren (meine Frau, mein Mann ist ... Jahre alt); wir haben ... Kinder." Jetzt gleich oder beim 6. Gebot: „Wir möchten gerne noch ein Kind, aber es geht (jetzt zur Zeit, ein paar Jahre lang, überhaupt) nicht mehr, weil ... Wir möchten unsere Ehe richtig führen, aber leider bringen wir es nicht immer fertig, (fast) regelmäßig ... in der Woche, im Monat. Ich möchte immer am Sonntag mit der Familie kommunizieren, aber ich kann gewöhnlich nur etwa monatlich beichten. In der

Zwischenzeit bemühe ich mich, so gut ich kann, und erwecke immer Reue zu Beginn der Meßfeier (vor der heiligen Kommunion)."

(55) Wenn dadurch das Bekenntnis ein wenig länger wird, gibt es dem Beichtvater größere Klarheit und erspart so manche Frage, so daß sich die Dauer der Beichte meist wieder ausgleicht. Das gilt selbst dann, wenn man ehrlich zugeben muß (und das *von selbst* bekennt): „Wir können z. Z. wirklich kein weiteres Kind verantworten. Aber ich muß zugeben, daß leider einige Prozent Opferscheu, Mangel an Selbstbeherrschung ... hereinspielen."

(56) Wenn der Beichtvater im Zuspruch auf „Ehesünden" eingeht, tut er das nicht aus Neugier (das wäre ein großer Fehler), sondern in seiner Verantwortung als Stellvertreter Christi. *Christus selbst* ist der göttliche Seelenarzt und der ewige Richter. Aber er hat die *Kirche* beauftragt, zu binden und zu lösen, Wahrheit und Gnade zu vermitteln, Glaube und Sitte zu hüten, das Gottesvolk zu leiten und zu weiden ... Weder die Kirche noch der einzelne Beichtvater handelt aus eigener Machtvollkommenheit, sondern in der Vollmacht Christi. Wer das richtig bedenkt, ist froh und dankbar um das Wirken der Kirche auch im Blick auf das Bußsakrament. Selbst wenn man gelegentlich darunter leidet, wird man es nicht als Einmischung in das persönliche Leben und in die Ehe oder als Machtstreben der Kirche und des einzelnen Priesters auffassen, sondern als Auftrag Christi.

(57) Es ist Tatsache, daß die Beichtväter sehr verschieden sind in der Beurteilung der Sünden und in der Ausführlichkeit und Art des Sprechens. Aber sind nicht die Beichtenden gerade in diesen Schwierigkeiten ebenso verschieden? Wenn hier ein Vergleich mit dem Arzt in der ärztlichen Behandlung angebracht ist (nur ein Vergleich, keineswegs ein Beweis): Bei irgendwelchen Schmerzen

kann vielleicht eine Tablette helfen oder wenigstens lindern; aber ist es nicht doch besser, wenn der Arzt genauer fragt oder untersucht, um die Ursache und den bisherigen Verlauf richtiger beurteilen zu können? Auch der Priester ist nicht allwissend – und vielleicht manchmal ungeschickt in der Behandlung seiner „Patienten"!

(58) Wer mit dem Beichtvater nicht zurechtkommt, wird das nächste Mal zu einem anderen gehen. Bitte, sich dadurch nicht verwirren und nicht beirren lassen! Und nicht außerhalb der Beichte darüber reden und schimpfen – das wäre kein gutes Zeichen!

(59) Wenn man in einem seltenen Fall wegen Sünden in der Ehe nicht losgesprochen wird, ist das zwar eine ernste religiöse Situation; aber es ist kein Grund zur Verzweiflung und vor allem kein Grund, das religiöse Leben nun aufzugeben. Vielleicht hat der Beichtvater etwas falsch verstanden oder den Ernst und den guten Willen des Beichtenden nicht erkannt?

(60) Vielleicht dient Ihnen als Ergänzung und Ermutigung für den Sakramentenempfang das kleine Buch: „Kommunion ohne Angst", als Hilfe für Ihre Beichte: „Männer-Beichte" bzw. „Frauen-Beichte" oder, falls Sie öfter beichten: „Monats-Beichte".

## 4. Konzilstexte (1965) im Wortlaut

Aus der Pastoralkonstitution über die Kirche in der Welt von heute, verkündet (am 7. Dezember 1965) bei der 3. Öffentlichen Sitzung des Zweiten Vatikanischen Ökumenischen Konzils, folgt der hier einschlägige Text aus dem 1. Kapitel des 2. Hauptteiles („Die Würde der

Ehe und Familie"), Nr. 49 – 51, und zwar ohne auf die Geschichte der Konzilstexte einzugehen und ohne einen Kommentar zu diesen Texten zu versuchen, sozusagen entsprechend dem Titel unseres Büchleins: „Eheleute, bitte (*selbst*) überlegen!" Damit soll selbstverständlich nicht gesagt sein, Erläuterungen dazu seien überflüssig – im Gegenteil: dadurch soll auf eigene Veröffentlichungen der Fachleute ausdrücklich hingewiesen werden!

*Nr. 49: Die eheliche Liebe*

Mehrfach fordert Gott Braut- und Eheleute auf, in keuscher Liebe ihre Brautzeit zu gestalten und in ungeteilter Liebe ihre Ehe durchzuhalten und zu entfalten. Auch in unserer Zeit hat die wahre Liebe zwischen Mann und Frau in der Ehe, wie sie sich in verschiedener Weise je nach Volk und Zeit geziemend äußert, als hoher Wert Geltung. Diese eigentümlich menschliche Liebe geht in frei bejahter Neigung von Person zu Person, umgreift das Wohl der ganzen Person, vermag so den leib-seelischen Ausdrucksmöglichkeiten eine eigene Würde zu verleihen und sie als Element und besondere Zeichen der ehelichen Freundschaft zu adeln. Diese Liebe hat der Herr durch eine besondere Gabe seiner Gnade und Liebe geheilt, vollendet und erhöht. Eine solche Liebe, die Menschliches und Göttliches in sich eint, führt die Gatten zur freien gegenseitigen Übereignung ihrer selbst, die sich in zarter Zuneigung und in der Tat bewährt, und durchdringt ihr ganzes Leben; ja gerade durch ihre Selbstlosigkeit in Leben und Tun verwirklicht sie sich und wächst. Sie ist viel mehr als bloß eine erotische Anziehung, die, egoistisch gewollt, nur zu schnell wieder erbärmlich vergeht.

Diese Liebe wird durch den eigentlichen Vollzug der Ehe in besonderer Weise ausgedrückt und verwirklicht.

Jene Akte also, durch die die Eheleute innigst und lauter einswerden, sind von sittlicher Würde; sie bringen, wenn sie human vollzogen werden, jenes gegenseitige Übereignetsein zum Ausdruck und vertiefen es, durch das sich die Gatten gegenseitig in Freude und Dankbarkeit reich machen. Diese Liebe, die auf gegenseitige Treue gegründet und in besonderer Weise durch Christi Sakrament geheiligt ist, bedeutet unlösliche Treue, die in Glück und Unglück Leib und Seele umfaßt und darum unvereinbar ist mit jedem Ehebruch und jeder Ehescheidung. Wenn wirklich durch die gegenseitige und bedingungslose Liebe die gleiche personale Würde sowohl der Frau wie des Mannes anerkannt wird, wird auch die vom Herrn bestätigte Einheit der Ehe deutlich. Um die Pflichten dieser christlichen Berufung beständig zu erfüllen, ist ungewöhnliche Tugend erforderlich. Von daher müssen die Gatten, durch die Gnade zu heiligem Leben gestärkt, Festigkeit in der Liebe, Seelengröße und Opfergeist pflegen und im Gebet erbitten.

Die echte eheliche Liebe wird höher geschätzt werden und es wird sich eine sachgerechte öffentliche Meinung über sie bilden, wenn die christlichen Gatten durch das Zeugnis der Treue und Harmonie in dieser Liebe und durch Sorge für die Kindererziehung sich hervortun und ihre Pflicht erfüllen bei einer notwendigen kulturellen, psychologischen und sozialen Erneuerung zugunsten von Ehe und Familie. Jugendliche sollen über die Würde, die Aufgaben und den Vollzug der ehelichen Liebe am besten im Kreis der Familie selbst rechtzeitig in geeigneter Weise unterrichtet werden, damit sie, an keusche Zucht gewöhnt, im entsprechenden Alter nach einer sauberen Brautzeit in die Ehe eintreten können.

Ehe und eheliche Liebe sind ihrem Wesen nach auf die Zeugung und Erziehung von Nachkommenschaft ausgerichtet. Kinder sind gewiß die vorzüglichste Gabe für die Ehe und tragen zum Wohl der Eltern selbst sehr viel bei. Derselbe Gott, der gesagt hat: „Es ist nicht gut, daß der Mensch allein sei" (Gn 2, 18), und „der den Menschen von Anfang an als Mann und Frau schuf" (Mt 19, 4), wollte ihm eine besondere Teilnahme an seinem schöpferischen Wirken verleihen, segnete darum Mann und Frau und sprach: „Wachset und mehret euch" (Gn 1, 28). Ohne Hintansetzung der übrigen Eheziele sind deshalb die echte Gestaltung der ehelichen Liebe und die ganze sich daraus ergebende Natur des Familienlebens dahin ausgerichtet, daß die Gatten von sich aus entschlossen bereit sind zur Mitwirkung mit der Liebe des Schöpfers und Erlösers, der durch sie seine eigene Familie immer mehr vergrößert und bereichert.

In ihrer Aufgabe, menschliches Leben weiterzugeben und zu erziehen, die als die nur ihnen zukommende Sendung zu betrachten ist, wissen sich die Eheleute als mitwirkend mit der Liebe Gottes des Schöpfers und gleichsam als Interpreten dieser Liebe. Daher müssen sie in menschlicher und christlicher Verantwortlichkeit ihre Aufgabe erfüllen und in einer auf Gott hinhörenden Ehrfurcht durch gemeinsame Überlegungen versuchen, sich ein sachgerechtes Urteil zu bilden. Hierbei müssen sie auf ihr eigenes Wohl wie auf das ihrer Kinder — der schon geborenen oder zu erwartenden — achten; sie müssen die materiellen und geistigen Verhältnisse der Zeit und ihres Lebens zu erkennen suchen und schließlich auch das Wohl der Gesamtfamilie, der weltlichen Gesellschaft und der Kirche berücksichtigen. Dieses Urteil müssen im Angesicht

Gottes die Eheleute letztlich selbst fällen. In ihrem ganzen Verhalten seien sich die christlichen Gatten bewußt, daß sie nicht nach eigener Willkür vorgehen können; sie müssen sich vielmehr leiten lassen von einem Gewissen, das sich auszurichten hat am göttlichen Gesetz; sie müssen hören auf das Lehramt der Kirche, das dieses göttliche Gesetz im Licht des Evangeliums authentisch auslegt. Dieses göttliche Gesetz zeigt die ganze Bedeutung der ehelichen Liebe, schützt sie und drängt zu ihrer wahrhaft menschlichen Vollendung. So verherrlichen christliche Eheleute im Vertrauen auf die göttliche Vorsehung und Opfergesinnung den Schöpfer und streben zur Vollkommenheit in Christus, indem sie in hochherziger menschlicher und christlicher Verantwortlichkeit Kindern das Leben schenken. Unter den Eheleuten, die diese ihnen von Gott aufgetragene Aufgabe erfüllen, sind besonders jene zu erwähnen, die in gemeinsamer kluger Beratung eine größere Zahl von Kindern, wenn diese entsprechend erzogen werden können, hochherzig auf sich nehmen.

Die Ehe ist aber nicht nur zur Zeugung von Kindern eingesetzt, sondern die Eigenart des unauflöslichen personalen Bundes und das Wohl der Kinder fordern, daß auch die gegenseitige Liebe der Ehegatten ihren gebührenden Platz behalte, wachse und reife. Wenn deshalb das — oft so erwünschte — Kind fehlt, bleibt die Ehe dennoch als volle Lebensgemeinschaft bestehen und behält ihren Wert sowie ihre Unauflöslichkeit.

### *Nr. 51: Die eheliche Liebe und der Fortbestand des menschlichen Lebens*

Das Konzil weiß, daß die Gatten in ihrem Bemühen, das Eheleben harmonisch zu gestalten, oft durch mancherlei Lebensbedingungen der heutigen Zeit eingeengt sind und sich in einer Lage befinden, in der die Zahl der Kinder — mindestens zeitweise — nicht vermehrt werden kann und der Vollzug treuer Liebe und die volle Lebensgemeinschaft nur schwer gewahrt werden können. Wo nämlich das intime eheliche Leben unterlassen wird, kann nicht selten die Treue als Ehegut in Gefahr geraten und das Kind als Ehegut in Mitleidenschaft gezogen werden; denn dann werden die Erziehung der Kinder und auch die tapfere Bereitschaft zu weiteren Kindern gefährdet. Manche wagen es, für diese Schwierigkeiten unsittliche Lösungen anzubieten, ja, sie scheuen selbst vor Tötung nicht zurück. Die Kirche aber erinnert daran, daß es keinen wahren Widerspruch geben kann zwischen den göttlichen Gesetzen hinsichtlich der Übermittlung des Lebens und dem, was echter ehelicher Liebe dient.

Gott, der Herr des Lebens, hat nämlich den Menschen die hohe Aufgabe der Erhaltung des Lebens übertragen, die auf eine menschenwürdige Weise erfüllt werden muß. Das Leben ist daher von der Empfängnis an mit höchster Sorgfalt zu schützen. Abtreibung und Tötung des Kindes sind verabscheuungswürdige Verbrechen. Die geschlechtliche Anlage des Menschen und seine menschliche Zeugungsfähigkeit überragen in wunderbarer Weise all das, was es Entsprechendes auf niedrigeren Stufen des Lebens gibt. Deshalb sind auch die dem ehelichen Leben eigenen Akte, die entsprechend der wahren menschlichen Würde gestaltet sind, zu achten und zu ehren. Wo es sich um den Ausgleich zwischen ehelicher Liebe und verantwortlicher Weitergabe des Lebens handelt, hängt die sittliche Qualität der Handlungsweise nicht allein von der guten Absicht und Bewertung der Motive ab, sondern auch von objektiven Kriterien, die sich aus dem Wesen der menschlichen Person und ihrer Akte ergeben und die sowohl den vollen Sinn gegenseitiger Hingabe als auch den einer wirklich humanen Zeugung in wirklicher Liebe wahren. Das ist nicht möglich ohne aufrichtigen Willen zur Übung der Tugend ehelicher Keuschheit. Von diesen Prinzipien her ist es den Kindern der Kirche nicht erlaubt, in der Geburtenregelung Wege zu beschreiten, die das Lehramt in Auslegung des göttlichen Gesetzes verwirft.

Mögen alle daran denken: Das menschliche Leben und die Aufgabe, es weiterzuvermitteln, haben nicht nur eine Bedeutung für diese Zeit und können deshalb auch nicht von daher allein bemessen und verstanden werden, sondern haben immer eine Beziehung zu der ewigen Bestimmung des Menschen.

## Bitte, gut aufbewahren!

Das sind einige Gedanken, die in der Ehe zu überlegen sind, selbst wenn nicht *jeder* davon für *jeden* Leser in gleicher Weise wichtig ist.

Manches ist hier sehr knapp ausgeführt und bedürfte der Ergänzung durch andere Schriften oder durch ein Gespräch, vielleicht mit dem Beichtvater oder einem Priester außerhalb der Beichte.

Und selbstverständlich gibt es noch manche andere Dinge, die für Eheleute von Bedeutung sind, z. B. das Zusammenleben der Eheleute im Alltag, die Erziehung der Kinder (darüber die Kleinschrift „Elternspiegel“, Seelsorgeverlag, Freiburg i. Br.), das Zusammenleben mit anderen im Haus und im Beruf und in der Freizeit, das Mitleben des Kirchenjahres in der Familie, die Mitarbeit im öffentlichen Leben der Kirche und der Gemeinde.

Aber hier sollte in der Überlegung nichts ablenken von dem Ziel: die eigene Ehe nach den Plänen und Geboten

Gottes und das Leben mit der Kirche in unserer Zeit, auch bei Schwierigkeiten im Eheleben.

Bitte: Bewahren Sie sich dieses Büchlein gut auf, und lesen Sie gelegentlich darin. Vielleicht können Sie noch andere Eheleute aufmerksam machen und ihnen dadurch eine kleine Hilfe für ihre Schwierigkeiten vermitteln? (Es ist selbstverständlich nichts für Kinder; aber es ist kein Schaden zu befürchten, wenn ein Kind es „entdeckt“ und darin liest.)